H. Dürre

Über die angebliche Ordnungslosigkeit und Lückenhaftigkeit der Traditiones Corbeienses

H. Dürre

Über die angebliche Ordnungslosigkeit und Lückenhaftigkeit der Traditiones Corbeienses

ISBN/EAN: 9783337330644

Printed in Europe, USA, Canada, Australia, Japan

Cover: Foto ©Thomas Meinert / pixelio.de

More available books at **www.hansebooks.com**

Ueber die angebliche Ordnungslosigkeit und Lückenhaftigkeit der Traditiones Corbeienses.

Neben den zahlreichen Quellen der Geschichte des altberühmten Benedictinerklosters Corvey, welche der historischen Kritik jetzt als gefälscht und unächt gelten, haben außer den von Ph. Jaffé in seinen Monumenta Corbeiensia 1864 herausgegebenen historischen Denkmälern allein die Traditiones Corbeienses ihre Glaubwürdigkeit nicht verloren. Zwar hat A. von Werfebe im Vaterländischen Archiv für Nieder= sachsen 1827, Seite 372 durch ziemlich grundlose Angriffe auch deren Aechtheit in Zweifel gezogen; aber P. Wigand hat jene Angriffe schon ein Jahr darauf in seinem Archiv für die Geschichte und Alter= thumskunde Westphalens III, 1, 54 so treffend und vollständig widerlegt, daß weitere Zweifel an der Aechtheit dieser Quellenschrift nicht wieder aufgetaucht sind. Aber leider haftet an derselben seitdem ein nicht gleichgültiger Makel, zu dem Wigands Aeußerungen in seinem Archiv I, 3 selbst Veranlassung gegeben haben. Er hält mit „den alten Verzeichnissen" dieser Art offenbar auch die Traditiones Corbeienses für „lückenhaft und fragmentarisch" und meint, daß in ihnen auch auf die Zeitfolge keine Rücksicht genommen sei. Kein Wunder, wenn H. A. Erhard, der verdienstvolle Herausgeber der Regesta historiae Westphaliae, die Traditionen in Reg. 861 ein „ganz ordnungsloses und daher für die Geschichte im Allgemeinen wenig brauchbares Verzeichniß" nennt. Da wir die Ueberzeugung hegen, daß diese Kritik des Werkes eine nicht ganz gerechte ist, so wollen wir jene Vorwürfe genauer untersuchen und dabei zuerst die angebliche Ordnungslosigkeit, dann die Lückenhaftigkeit der Traditiones Corbeienses besprechen.

Vor dem Beginn dieser Besprechung haben wir zuvörderst die beiden Ausgaben jenes Werkes von Falke und von Wigand einer Betrachtung zu unterwerfen. Jene, schon 1752 erschienen, ist gleich nach ihrem Erscheinen von den Gelehrten nicht günstig aufgenommen. Schon 1752 sprach Scheibt in den Gött. Gel. Anz. S. 733 sich mit vollem Grunde dahin aus, Falke habe „durch seine ausschwei= fenden Noten und Anmerkungen, die größtentheils in unerweislichen Muthmaßungen bestehen, die er doch mit einer verwunderungswürdigen Zuversicht vor bemonstrirte Wahrheiten auszugeben kein Bedenken trägt", vielen Gelehrten den Gebrauch seiner Ausgabe der Traditionen verleidet.

Aber Falke hat an den Traditionen noch weiter gesündigt. Obgleich er Prediger war, hat er sich nicht entblödet, sich durch eine Lüge zu beflecken. Er spricht in den Miscellanea nova Lipsiensia IV, 2, 245 von dem Original der Traditionen und sagt, es sei ein codex membranaceus, durch Zeit= genossen von Kaiser Ludwig I. bis auf Konrad II. zu Corvey geschrieben, und er werde im dortigen Archive aufbewahrt. Dagegen steht fest, daß Wigand schon 1826 im Archiv zu Corvey von einem solchen Original der Traditionen keine Spur entdecken konnte, wie er in seinem Archive I, 2, 2 erzählt. Dagegen

1*

fand er bei eifrigem Suchen eine Abschrift der Traditionen vor, welche nach der im Eingange enthaltenen Nachricht 1479 von einem Johannes, welcher Kreuzbruder im Kloster Falkenhagen war, de quadam rotula vetusta paeneque corrupta also doch wohl aus dem Original gemacht worden ist. Wigand in seinem Archiv Band III giebt ein Facsimile der von jenem Mönch gemachten Abschrift, theilt sie auch in der Einleitung zu seiner Ausgabe der Traditionen S. 3 vollständig mit. Falke hat das verlorene oder zu Grunde gegangene Original, welches schon 1479 rotula paene corrupta war, nicht benutzen können; er hat aber auch, wie die Wigand'schen Noten unter dem Texte darthun, selbst die Abschrift aus dem Jahre 1479 nicht benutzt, sondern sich an eine schlechte, ziemlich verderbte Abschrift gehalten, welche in dem zweiten Copialbuche des Klosters, das aus dem 17. Jahrhundert stammt, ent= halten ist. Was er von dem Original der Traditionen sagt, hat er offenbar gelogen.

Aber er hat die Traditionen in seiner Ausgabe auch entstellt. Die 486 Paragraphen, welche die Abschrift des 15. Jahrhunderts in fortlaufender Folge ohne irgend eine Unterbrechung oder Eintheilung giebt, hat er willkürlich in 16 Abschnitte oder Partes eingetheilt und in jeden derselben nimmt er will= kürlich eine größere oder kleinere Anzahl von Paragraphen auf. Jedem Abschnitt setzt er den Namen eines der 16 ersten Aebte von Corvey vor und behauptet, die dem Abschnitte zugetheilten Paragraphen enthielten die Traditionen, welche zu den Zeiten des genannten Abtes gemacht seien. Ja er setzt die Namen der Aebte mit den Jahren ihrer Regierungszeit auf den Rand jedes Blattes seiner Ausgabe und datirt somit die einzelnen Abschnitte der Traditionen. Er bekennt zwar S. 4: designationes annorum in margine adscriptas non comparere in codice nostro manuscripto, sed nos eas ex ingenio nostro . . . adjecisse. Nach diesem Geständniß darf man sein willkürliches Verfahren wohl keine Fäl= schung nennen; aber den Vorwurf einer absichtlichen Entstellung können wir ihm nicht ersparen. Und dieser Vorwurf trifft ihn um so schwerer, da er verspricht, er wolle den Text so treu als möglich wiedergeben.

Leider hat Falke die Traditionen auch geradezu gefälscht. Denn er hat die in dem Copialbuche vorgefundene Ordnung, welche mit der Johannei'schen Abschrift von 1479 übereinstimmt, willkürlich und eigenmächtig geändert. Er hat den Paragraphen, welcher in der Handschrift und in der Wigand'schen Ausgabe der 225 ist, in den Anfang der Traditionen gestellt und die Traditionen, welche Wigand in §. 226 bis 486 aufführt, als Nr. 2 bis 261 folgen lassen und endlich die in der Handschrift vorangehenden Paragraphen 1 bis 224 an den Schluß gestellt und unter Nr. 262 bis 484 aufgeführt. Daß ihn auch dabei subjective Gründe, aus dem Inhalte der Traditionsberichte entlehnt, geleitet haben, wollen wir gern glauben; aber daß ein solches Verfahren den Vorwurf absichtlicher Fälschung verdient, leidet keinen Zweifel.

Nach alle dem darf man wohl mit Scheidt sagen: „Es wäre zu wünschen, daß eine so wichtige Schrift in bessere Hände, als die des Herrn Pastor Falke sind, gefallen wäre." Schon Scheidt wünschte, daß ein Buchhändler noch einmal den Text allein möchte abdrucken lassen. Diesen vielfach ge= theilten Wunsch hat der hochverdiente P. Wigand befriedigt, indem er die Traditiones Corbeienses 1843 in der ursprünglichen Ordnung aus der Johanneischen Handschrift von 1479 herausgab und nur kritische Noten hinzufügte, welche im Einzelnen nachweisen, wie gewissenlos Falke in seiner Ausgabe auch mit dem Texte der Traditionen im Einzelnen verfahren ist. Schmerzlich vermißt man sachliche Bemerkun= gen über die in den Traditionen vorkommenden Personen und Orte; aber dennoch ist Wigands Leistung dankbar anzuerkennen und die Falke'sche Ausgabe ist durch sie völlig antiquirt.

Indem wir nun dem ersten Vorwurfe, die Ordnungslosigkeit der Corveyschen Traditionen be= treffend, nähertreten, müssen wir zunächst bemerken, daß Wigand auch in seiner Ausgabe S. 7 von den Traditionen sagt: „Nur in ein paar Fällen läßt sich durch die historische Bedeutung der angeführten Namen auf die Zeitperiode schließen." S. 9 sagt er dann: „Das Traditionsregister ist — einige wenige Ausnahmen abgerechnet — ohne alle historische Anhaltpunkte". Also auch 1843 noch hielt Wigand die Traditionen für eine rudis indigestaque moles. Nach einem eingehenden Studium des Werkes glauben wir, daß es anders mit den Traditionen steht, daß sie nach einer bestimmten Zeitfolge gut und richtig geordnet sind. Dieser Glaube soll uns nicht, wie einstmals Falke, zu allerlei genealogischen Träumereien verleiten, sondern wir wollen die von Wigand bezeichneten historischen Anhaltspunkte aufsuchen und sammeln und dann an derselben vorurtheilsfrei prüfen, ob nicht die Traditionsberichte doch wenigstens soweit zeitlich zu firiren sind, daß wir, wenn auch nicht jede einzelne Angabe, so doch wenigstens gewisse Schichten des Registers bestimmten Zeitabschnitten zuweisen dürfen und müssen. Daraus wird sich dann vielleicht mancher nicht unwillkommene Lichtblick ergeben, welchen zu verwerthen weiterer Forschung über= lassen bleiben muß.

Die Angabe eines bestimmten Jahres finden wir nur an einer einzigen Stelle der Traditionen, nämlich in §. 224, wo es heißt: Anno incarnacionis dominice Mxxxvii indictione quinta venerabilis abbas D[ruhtmarus] ecclesiam quandam in Bocla obtinuit. Eine spätere Jahres= angabe, eine jüngere Tradition als diese ist in dem Werke nicht nachzuweisen. Da nun §. 224 am Ende eines Abschnittes vor einer Art von Ueberschrift steht, welche sich, wie weiter unten nachgewiesen werden soll, nur auf das Folgende beziehen läßt, so bildet er den Schluß einer Reihe von Traditionsnotizen, welche 1037 oder bald nachher abgeschlossen ist. In diese Zeit fällt also die Zusammenstellung oder der Abschluß der uns vorliegenden Traditiones Corbeienses.

Nun fragt sich, welcher Zeit gehören die ältesten Traditionen an. Die Beantwortung dieser Frage führt uns zu einem andern Paragraphen, der ebenfalls einen sichern historischen Anhaltspunkt bietet, näm= lich zu §. 225. Derselbe lautet: Cuncte traditiones, que fuerunt tradite ad reliquias sancti Stephani temporibus domini abbatis Ada . . . . Der Schluß des Satzes fehlt. Da ist es zunächst von Wichtigkeit zu ermitteln, welcher Abtsname in Ada . . . . steckt, den schon der Mönch Johannes 1479 nicht mehr hat lesen können. Mit den Buchstaben Ada fangen nur drei Namen von Aebten des Klosters Corvey an Adalardus, Adalgarius und Adalbero. Der zuletzt Genannte kann nicht in Frage kommen. Denn da er dem Kloster von 1138 bis 1147 vorstand, so kann er in den etwa 1037 abgeschlossenen Traditionen nicht vorkommen. Von den beiden andern Aebten kann auch Adalgarius in §. 225 nicht gemeint sein, weil, wie wir unten sehen werden, in seiner Regierungszeit 856—877 nur an die Reliquien St. Stephans und St. Veits tradirt wurde. Somit kann an unserer Stelle nur Abt Adalardus genannt sein, welcher dem Kloster 822—826 vorstand, als St. Stephan noch alleiniger Patron von Corvey war. Darum hat Falke in seiner Ausgabe an die Stelle jenes Wortanfanges Adalardi gesetzt und schließt den Paragraph mit diesem Worte. Schwerlich wird der Satz so geendet haben, denn sonst hätte ja das Subject cuncte traditiones kein Prädicat. Darum füge ich hinter Adalardi noch hinzu: sunt hae.

Es ist fraglich, ob sich diese Schlußworte und der ganze §. 225 auf das Vorhergehende oder auf das Folgende beziehen. Die Meinungen darüber sind getheilt. Falke bezieht den Paragraph auf das Folgende und sieht ihn wie eine Art Ueberschrift an, welcher er die 25 Paragraphen seiner Pars prima folgen läßt. Wigand dagegen bezieht die Worte auf das Vorhergehende (I, 2, 3.) Er sagt: „Was ist natürlicher, als in Beziehung auf das Vorhergehende zu finden, nämlich: Alles das sind Traditionen, welche" u. s. w.? Hirsch und Waitz, Krit. Prüfung S. 105 schließen sich ihm an und sagen: „Die betreffenden Worte schlossen sich aufs engste an den vorhergehenden Paragraph und scheinen ein Nachsatz zu den hier verzeichneten Schenkungen; sie mit Falke für eine Ankündigung des folgenden Inhalts zu halten, ist durchaus ohne Grund." Und doch kann ich hier nur Falke's Auffassung für richtig halten und zwar aus folgenden Gründen.

Zunächst constatiren wir, daß in den Worten des §. 225, soweit sie erhalten und überliefert sind, nirgends eine Andeutung enthalten ist, die auf das Vorhergehende oder Folgende hinweise. Auch wenn wir die vermutheten Worte sunt hae hinzusetzen, so ist die Beziehung des Demonstrativs noch fraglich. Da somit die Form des Satzes zu keiner von beiden Beziehungen nöthigt, so müssen wir uns an den bessern Inhalt halten. Da würde also zu fragen sein, ob „die zur Zeit Abt Adalhards an die Reliquien St. Ste= phans übergebenen Traditionen" im Vorhergehenden oder im Folgenden genannt werden. Wenn nun im

Vorhergehenden eine ober einige Trabitionen nachzuweisen sind, welche erst in der Zeit nach Abt Abalharb erfolgt sein können, so ist es unzweifelhaft, daß sich §. 225 nicht auf das Vorhergehende beziehen kann, sondern aufs Folgende hinweisen muß, wenn auch nur auf das zunächst Folgende.

In dem Vorhergehenden gehört die in §. 224 berichtete Erwerbung der Kirche zu Bocla erst bem Jahre 1037 an. Ebenso unzweifelhaft gehört die in §. 139 berichtete in Gegenwart des Abts Gerbern von Corvey vorgenommene Trabition erst in die Zeit 945—965, wo Gerbern bem Kloster vorstand. Endlich weist die in §. 168 erwähnte für den Bischof Retharius von Paberborn bargebrachte Trabition auf bessen Regierungszeit 981—1009 hin. Diese Beispiele beweisen zur Genüge, daß die im §. 225 erwähnten Trabitionen aus ber Zeit bes Abts Abalharb (822—826) im Vorhergehenden nicht enthalten sind.

Dann muß sich §. 225 nothwenbig auf das Folgende beziehen. Und bem widerspricht im Folgenden nichts. Denn weiter unten werben wir sehen, baß nach §. 225 zunächst die älteren Trabitionen folgen, an welche sich bann bie in ber Zeit von 836 bis 891 gemachten anschließen, während bie von 891 bis 1037 gemachten in §. 1 bis 224 bem fraglichen Paragraphen vorangehen. Es ist also mehr als wahrscheinlich, baß die hinter §. 225 zunächst folgenden Trabitionen' ber Zeit des ersten Abts Abalharb angehören. Nach bem allen beziehen wir §. 225 mit Falke auf das Folgende und sehen ihn als Einleitung zu ben ältesten Corveyschen Trabitionen an.

Aus allem Bisherigen ergiebt sich, baß wir in bem besprochenen Werke ein Verzeichniß der Erwerbungen haben, welche das Kloster Corvey von 822, bem Regierungsanfang Abalharbs, bis 1037 also in einem Zeitraum von 215 Jahren gemacht hat. Dieß Verzeichniß wird burch jenen Paragraphen in zwei Hälften getheilt. Die zweite mit §. 225 beginnende Hälfte nennt die älteren, bie erstere mit §. 1 beginnende bagegen bie jüngeren Trabitionen. Die Frage, worin biese Verkehrung ber natürlichen Ordnung ihren Grund hat, wird uns weiter unten beschäftigen. Jetzt wollen wir erst untersuchen, ob sich in bem Werke noch weitere historische und chronologische Haltpunkte finden lassen, welche unsre Ansicht über biese Anordnung bes Werkes bestätigen ober wiberlegen.

Einen wichtigen Anhaltspunkt zur zeitlichen Fixirung wenn auch nur einiger Trabitionen liefern uns bie ab und an vorkommenben Angaben über bie Schutzheiligen Corveys, benen bie betreffende Trabition gemacht ist. In dieser Beziehung ist Folgendes festzuhalten. Bei seiner Gründung im Jahre 822 erhielt bas Kloster Corvey zum Schutzpatron ben heiligen Stephanus, bessen Reliquien Kaiser Ludwig ber Fromme aus einer seiner Pfalzcapellen hergegeben hatte. (Erhard, Cod. n. 5.) Darum nennt eine kaiserliche Urkunde vom 27. Juli 823 Corvey monasterium dicatum in honorem S. Stephani. (Erhard, Cod. n. 4). Aber noch eine Anzahl von Urkunden Ludwigs bes Frommen und seines Sohnes Ludwigs bes Deutschen, bie in ben nächsten Decennien nach 822 ausgestellt sind, bezeugen, baß St. Stephan anfangs ber einzige Schutzpatron bes Klosters Corvey gewesen ist. (Erhard, Cod. n. 8—17).

Aber schon nach wenigen Jahren erhielt bas Kloster einen zweiten Schutzpatron in St. Vitus. Dessen Gebeine hatte Hilduin, Abt von St. Denis, ber sich eine Zeitlang in Corvey aufgehalten hatte, bem Warinus, welcher seit 826 zweiter Abt zu Corvey war, zum Geschenke gemacht. Nachbem bieselben von Paris geholt und am 13. Juni 836 in Corvey angekommen waren, wie bas bie Translatio sancti Viti in Jaffés Monumenta S. 14—23 erzählt, wurde St. Vitus als zweiter Schutzpatron bes Klosters angesehen. Wenn bereits eine Urkunde Kaiser Ludwig bes Frommen vom Jahre 832 St. Vitus neben St. Stephanus als Mitpatron bes Klosters nennt, so ist bas unrichtig und steht mit ältern und spätern Urkunden, bie bis zur Mitte 9. Jahrhunderts erlassen sind, in offenbarem Wiberspruch. Darum vermuthe ich, baß in ber betreffenben Urkunde nur bie Worte quod construximus in Saxonia in honore S. mart. Stephani ächt sind, baß bagegen bie folgenben beiben Worte atque Viti erst von späterer Hand in bem Original ber Urkunde entweber burch Ueberschreiben ober auf bem Ranbe nachgetragen sind. (Erhard, Cod. n. 7.) Auch in ber Urkunde Ludwig bes Frommen vom 14. November 838 (Erhard, Cod. n. 12) halten wir die Worte sanctique Viti zwischen Stephani und construximus für späteres Einschiebsel. Denn erbaut ist Corvey nur zur Ehre St. Stephans, ber war anfangs sein einziger Patron. Aber dieser Irrthum der kaiserlichen Urkunde ist um so eher zu entschuldigen, wenn wir bedenken, daß St. Vitus 838 bei Aus= stellung dieser Urkunde bereits zweiter Patron von Corvey war. Urkundlich ist Corvey allerdings erst 873 vom Papst Adrian II. monasterium sanctorum martirum Stephani atque Viti genannt worden. (Erhard, Cod. n. 29.) Daß aber St. Vitus bereits vor 843 Mitpatron des Klosters war, ist aus ben Corveyschen Traditionen zu erweisen. In §. 357 berselben wird berichtet, Graf Esic habe 8 Hufen seines Eigenthums an Corvey übertragen, welche in der Villa Castenica in ben comitatus Bunnensis seien, nachdem Kaiser Lothar bieselben ihm trabirt habe. Daß die kaiserliche Tradition am 20. März 843 geschehen ist, ersieht man aus ber von Erhard, Cod. n. 16 mitgetheilten Urkunde. Kurz nachher wird auch die Tradition an Corvey erfolgt sein, welche §. 357 melbet. Wenige Sätze vorher in §. 350 ist von einer Tradition an Corvey die Rebe, wobei es zum ersten Male heißt: Tradidit . . . ad reliquias sanctorum marti-rum Stephani et Viti. Daraus ergiebt sich, daß St. Vitus schon vor 843 Mitpatron des Klosters war.

Ueber ein halbes Jahrhundert später warb endlich St. Justinus als britter Patron der Kirche zu Corvey angesehen. Schon 891 erfolgte bort „adventus sancti Justini" nach bem Zeugniß ber Annales Corbeienses bei Jaffé Mon. 34. Zum Jahre 949 melben bieselben Annalen: Translatio capitis sancti Justini martiris de Magatheburg ad Novam Corbejam. (Jaffé 35.) Eine Schenkung an Corvey, gemacht ad reliquias sanctorum martirum Stephani, Viti et Justini berichtet zuerst eine Urkunde des Abts Erkenbert vom 31. December 1118 (Erhard, Cod. n. 185). Daß aber Justin schon viel früher britter Schutzpatron von Corvey gewesen ist, zeigt ber Umstand, daß bereits in ben mit bem Jahre 1037 abschließenden Corveyschen Traditionen des Justinus neben St. Stephanus und St. Vitus gebacht wird. Denn §. 40 beginnt: Tradidit Helmricus cum conjuge sua Liudwi ad reliquias sanctorum Stephani, Viti atque Justini . . . Danach ist also St. Justinus längere Zeit vor 1037 Schutzpatron von Corvey gewesen, und es ist mehr als wahrscheinlich, daß er 891 bazu gemacht ist.

Daraus ergiebt sich nun, daß die verschiedenen Traditionen, welche in Corvey entweder nur ad reliquias S. Stephani, ober ad reliquias sanctorum Stephani et Viti, ober endlich an alle brei Schutz= patrone St. Stephanus, St. Vitus und St. Justinus gemacht sind, verschiedenen Zeitperioden angehören. Die nur einem Patron bargebrachten Traditionen sind die ältesten, sie gehören in die Jahre 822—836; die für Stephanus und Vitus gemachten sind jünger, sie gehören in die Zeit von 836—891; die allen brei Patronen gemachten Traditionen sind die jüngsten des Registers und gehören ben Jahren 891 bis 1037 an.

Nun werden Traditionen ad reliquias sancti Stephani berichtet in ben §. 225, 226, 321 und 329; bagegen ad reliquias sanctorum Stephani et Viti in ben §. 350, 373, 379, 382, 403, 411, 424, 425 und 429, enblich ad reliquias sanctorum Stephani, Viti et Justini §. 40. Darin liegt eine offenbare Bestätigung unserer oben ausgesprochenen Ansicht, daß die zweite Hälfte des Traditions= registers, welche mit §. 225 beginnt, bie älteren, bie voranstehende erste Hälfte bagegen von §. 1—224 bie jüngeren Traditionen enthalte. In ber zweiten Hälfte finden wir bie von 822 bis gegen 891 hin vorgenommenen Traditionen, in ber ersten bie in bie Zeit von etwa 891 bis 1037 gehörenben. Abgesehen von bieser Umstellung ber beiben Hauptparteien ist also in bem Register eine richtige Zeitfolge beobachtet.

Dieses auf die Beachtung ber erwähnten Schutzheiligen bes Klosters Corvey gegründete Ergebniß wird bestätigt, wenn man bie in ben Traditionen erwähnten Personen bes höheren geistlichen Standes genau beachtet.

Das älteste Drittel ber Traditionen, bas bie Zeit von 821—836 umfaßt, in welcher ad reliquias sancti Stephani trabirt wurde, beginnt unzweifelhaft mit §. 225. Da eine solche Tradition zuletzt in §. 329 vorkommt, so reicht es mindestens bis zu biesem Paragraphen hinab. Da bie erste Tradition an zwei Schutzpatrone in §. 350 erwähnt wird, so kann bas erste Drittel vielleicht auch bis §. 349 aus= gebehnt werben; boch kann über bie Zugehörigkeit ber §. 330—349 nicht mit Sicherheit entschieben werden. In diesem ersten Drittel finden wir außer dem ersten Abt des Klosters, Abalharb (822—826), welcher in §. 225 erwähnt ist, auch den zweiten Abt Warinus (826—855) in §. 311 und 363. Da §. 311 noch zum ersten Drittel des Registers gehört, so liegt die in demselben berichtete Tradition jedenfalls vor dem Jahre 836, fällt also in das erste Decennium des Abts Warinus.

Das zweite Drittel der Traditionen, das die Zeit von 836 bis 891 umfaßt, in welcher ad reliquias sanctorum Stephani et Viti trabirt wurde, beginnt mit §. 330 event. mit §. 350 und reicht bis zum jetzigen Schlusse der Wigandschen Ausgabe §. 486. Ziemlich in dem Anfange dieses zweiten Drittels finden wir in §. 363 die zweite Tradition, bei welcher der schon erwähnte Abt Warinus genannt wird. Sie fällt also jedenfalls in die Zeit bald nach 836; denn in §. 350 ist bereits zum ersten Male einer Tradition ad reliquias sanctorum Stephani et Viti gedacht. In diesem zweiten Drittel wird §. 400 auch Abalgars, des dritten Abtes von Corvey, der 856—873 diese m Kloster vorstand, gedacht. Da in §. 429 zum letzten Male einer Tradition ad reliquias sanctorum Stephani et Viti Erwähnung geschieht, so ergiebt sich daraus, daß die Zeit, in welcher jene beiden Heiligen Schutzherren von Corvey waren, noch über die Regierungszeit Abalgars hinausreicht.

Auch im letzten Drittel unsres Registers, in welchem die Traditionen von 891—1037 enthalten sind, das von §. 1—224 reicht, werden zwei höhere Geistliche genannt, welche in der angegebenen Zeit lebten. Dieß sind Abt Gerbern von Corvey und Bischof Netharius von Paderborn. Jener kommt §. 139 vor, dieser §. 168. Dort wird eine Tradition berichtet, welche praesente abbate Gerberno geschehen sei. Da Gerbern 945—965 dem Kloster vorstand, so dient auch diese Erwähnung zum Beweise, daß wir hier die jüngste Reihe der Traditionen vor uns haben. Dasselbe ergiebt sich aus der in §. 168 gemeldeten Tradition pro Rethario episcopo. Netharius war Bischof von Paderborn 981—1009 nach Erharb, Reg. 651 und 741. In diese Zeit fällt also die §. 168 berichtete Tradition.

Aber auch die chronologischen Anhaltspunkte, welche die Erwähnung einiger hochgestellten Laien des Traditionsregisters uns bietet, bestätigen die vorgetragenen Ansichten über die drei Theile der Traditionen und die Zeitabschnitte, auf welche sich dieselben beziehen. Hier haben wir es fast nur mit alten Gaugrafen Niedersachsens und Westfalens zu thun.

Im ersten Drittel unsres Registers finden wir §. 247 einen Grafen Esic, welcher an Corvey Gut in Budinisfelde, d. i. Bodenfelde überträgt. In §. 334, also auf der Grenzscheide des ersten und zweiten Drittels der Traditionen, finden wir denselben Grafen wieder, als er sein Eigen in Havukesbruni jenem Kloster übergiebt, ein Eigen, das ihm sein Vater Hibbi hinterlassen hatte, wie eine Urkunde Kaiser Karls des Großen vom 9. Mai 813 meldet. (Falke T. C. 377). Auch in §. 357 kommt Graf Esic noch einmal vor. Da übergiebt er die zu Kastenicha im Gau Nipuarien in der Bonner Grafschaft belegenen 8 Hufen Landes, welche ihm der Kaiser Lothar am 20. März 843 überwiesen hatte, wiederum an Corvey. (Falke T. C. 262 und Erharb, Cod. n. 16). Da beide Traditionen fast gleichzeitig erfolgten, wie eine genaue Betrachtung des §. 357 zeigt, so fällt die dort gemeldete Tradition an Corvey ins Jahr 843. Während also die beiden ersterwähnten Traditionen Graf Esics vor das Jahr 836 gehören, gehört die letztere im zweiten Drittel des Registers erwähnte ins Jahr 843.

Im zweiten Drittel begegnet uns mehrfach ein Graf Barbo, der auch §. 340 schon einmal vorkommt, wo er sein Gut in Tuihili an Corvey übergiebt. In §. 349 erscheint er an der Spitze der Zeugenreihe bei einer Tradition, welche Cobbo für das Seelenheil seines Neffen Amalung im Gau Moswebbi an Corvey überwies. Amalung ist der jüngere Sohn Amalungs und Haburnis, der Gemahlin desselben, welche 858 als Aebtissin von Herford genannt wird. Sein Oheim Cobbo dagegen ist der Bruder des Abts Marinus von Corvey, der 855, und des Herzogs Ludolf von Sachsen, der 866 gestorben ist. Für diesen Ludolf, den die Traditionen nicht als Herzog bezeichnen, übergab derselbe Graf Barbo nach §. 350 ausgedehntes Gut an Land und Leuten an Corvey; er muß also um 850 oder 860 gelebt haben. Daher müssen die von ihm geschenkten Güter ad reliquias sanctorum martirum Stephani et Viti trabirt sein, wie das §. 350 auch angiebt. Identisch mit diesem Grafen Barbo ist ohne Zweifel der Graf dieses Namens welcher im §. 373 als erster Zeuge genannt wird bei einer Schenkung, welche die oben erwähnte Habuoy für das Seelenheil ihres Gemahles Amalung und ihrer beiden Söhne Bennib und Amalung ad reliquias sancti prothomartiris Stephani nec non et sancti Viti martiris wahrscheinlich noch vor ihrer Erhebung zur Aebtissin von Herford, in welcher Würde sie zuerst 858 erscheint, gemacht hat. Auch da finden wir also Graf Barbo in der oben bezeichneten Zeit um 850. Auch im §. 382 treffen wir denselben an der Spitze der Zeugenreihe bei einer den beiden Schutzheiligen von Corvey gemachten Tra= bition. Zum letzten Male bezeugt er im §. 393 eine Schenkung in Helmonscebe, welche eine gewisse Jba machte, welche Falke für die Gemahlin des Herzogs Ecbert, also für die Mutter des ersten Sachsen= herzogs hält, ohne es erweisen zu können.

Auch gegen Ende des zweiten Drittels des Trabitionsregisters kommt noch ein Graf Barbo vor, so im §. 456, wo er Klostervoigt von Corvey genannt wird. Dort wie im §. 470 und 481 steht er an der Spitze der Zeugenreihe. Ob dieser Barbo mit dem oben erwähnten Grafen dieses Namens identisch ist, läßt sich ohne weitere Anhaltspunkte nicht bestimmen.

Mit dem zuerst genannten Grafen Barbo erscheinen die Grafen Thiabger und Markbobo im §. 373 als Zeugen bei Habuoys Schenkung an Corvey. Auch sie müssen demnach zwischen 850 und 860 gelebt haben. In §. 393 erscheinen dieselben drei Grafen nebst einem Grafen Heriman als Zeugen, also muß auch der Letztgenannte in jener Zeit gelebt haben. Graf Markbobo erscheint auch in andern Traditionen des zweiten Drittels in §. 368, 390 und 402 an der Spitze der Zeugenreihe.

Auch der Graf Ludolf, welcher in §. 433 als Zeuge und §. 435 als Trabent von Gütern in Dalhem und Abonhusen pro filio suo Tanemaro vorkommt, gewährt uns einen historischen Anhalts= punkt. Ohne Zweifel ist dies der Sachsenherzog Ludolf, dem ein Sohn im zarten Alter starb, der nach dem Zeugniß der Vita S. Idae in Pertz Mon. II., 572 in der Halle zu Hirutfeld beigesetzt werden sollte, und der Tankmar geheißen haben soll. (Wedekind, Noten I., 146). Da Ludolf selbst 866 starb, so gehören jene beiden Traditionen der Zeit vor 866 an. — Somit sehen wir, daß die im zweiten Drittel des Registers vorkommenden auch sonst bekannten Grafen alle der Zeit 836—891 angehören, welche wir aus andern Gründen für diesen Theil der Taditionen in Anspruch genommen haben.

Auch im letzten Drittel des Registers, in den §. 1—224, welches die Traditionen der Zeit 891 bis 1037 umfaßt, gewähren uns die dort erwähnten Grafen wenigstens einigen Anhalt. Mehrere derselben sind in jener Zeit zwar nachzuweisen, nur fehlt es an der Gewähr, daß die Grafen in den Traditions= registern mit ihren sonst wie bekannten Namensvettern auch wirklich identisch sind. Wir stehen hier also nur auf dem Boden der Möglichkeit event. der Wahrscheinlichkeit.

So kommt in §. 23 ein Graf Osbach vor, der mit seiner Gemahlin Habeburg Güter in Nainum an Corvey schenkte. Ob er mit dem in einer Urkunde Kaisers Otto I. vom Jahre 966 erwähnten Osbag, welcher damals die Grafschaft in dem westfälischen Norbgau besaß, (Erhard, Cod. n. 59) identisch ist, läßt sich noch nicht ermitteln. Der Zeit nach wäre die Identität der beiden Grafen Osbag möglich. Der Graf Siegfried, welcher in §. 118 mit seiner Gemahlin Welbrube und in §. 137 allein erwähnt wird, ist nicht der am Ende des zehnten Jahrhunderts lebende Stammvater der nordheimschen Grafenfamilie; denn dessen Gemahlinnen hießen Mathilde und Ethelinde. Eher könnte er identisch sein mit dem Grafen dieses Namens, welcher Sohn eines Grafen Hermann und Graf im Gau Lochne 997 war. (Orig. Guelf. IV., 475). In §. 159 wird ferner ein Graf Hermann genannt. Das kann der Graf dieses Namens sein, welcher 977 als Graf im Gau Angeron urkundlich genannt wird in Erhard, Cod. n. 639. Der Graf Ludolf, dessen §. 161 gedenkt, kann der Graf dieses Namens sein, in dessen Grafschaft ein Gut lag, welches König Heinrich II. 1005 der Kirche zu Paberborn schenkte. (Falke Trad. Corb. 636). Der in §. 169 genannte Graf Dobica dürfte wohl zu identifiren sein mit Graf Dubico, welcher 998 und 1003 als Graf im Gau Angeri genannt wird in Erhard, Reg. 693 und 725. Endlich den im §. 196 erwähnten Graf Hermann möchte ich für dieselbe Person halten mit jenem Hermann, der 1017 bis 1032 zuweilen als Gaugraf im sächsischen Hessegau, im Nethegau und im Auga erscheint. (Erhard, Reg. 881 und 977).

Wir schließen unsere Untersuchung über die angebliche Ordnungslosigkeit der Traditionen mit einer kurzen Zusammenstellung der gewonnenen Resultate. Wir fassen dieselben in folgende Sätze:

1) Da die jüngste Notiz des Registers in §. 224 ins Jahr 1037 fällt, so wird dasselbe frühe= stens um 1037 zusammengestellt und abgeschlossen sein.

2) In §. 225 ist statt des letzten verstümmelten Wortes Ada . . . zu lesen Adalardi und hin= zuzufügen die Worte sunt hae.

3) Dieser §. 225 bezieht sich nicht auf das Vorhergehende, sondern auf das Folgende und be= zeichnet den eigentlichen Anfang des Traditionsregisters.

4) Da die ältesten Traditionen in die Zeit des ersten Abts Abelharb (822 bis 826) gehören, so umfaßt das Register die von 822—1037 an Corvey gemachten Traditionen.

5) Jener §. 225 theilt das Register in zwei Hälften. Die zweite, von 225—486 reichend, ent= hält die ältere, die erste, von §. 1—224 reichend, die jüngeren Traditionen.

6) Die Beachtung der Zahl der bei einzelnen Traditionen angeführten Schutzpatrone des Klosters Corvey zeigt, daß das ganze Register in drei Drittel zerfällt. Das ältere und mittlere Drittel bilden die zweite also ältere, das jüngere Drittel die erste jüngere Hälfte des Traditionsregisters.

7) Das ältere Drittel umfaßt die Traditionen, welche ad reliquias sancti Stephani 822 bis 836 dargebracht sind, und reicht von §. 225—329 oder 349. Das mittlere Drittel enthält die ad reliquias sanctorum Stephani et Viti von 836—891 gemachten Traditionen in den §. 330 oder 350—486. Das jüngere Drittel endlich enthält die ad reliquias sanctorum Stephani, Viti et Justini 891—1037 gemachten Traditionen in den §. 1—224.

8) Diese Ansicht über die Theile des Traditionsregisters und die darin herrschende Zeitfolge wird durch die ab und an erwähnten höheren Geistlichen und durch die Nennung mehrerer Gaugrafen durchaus bestätigt.

Wenn sich somit herausgestellt hat, daß das Traditionsregister nicht ein „ganz ordnungsloses" ist, sondern daß es wohlgeordnet ist und eine auf die Zeitfolge begründete Ordnung innehält, so ergiebt sich, daß es abgesehen von seiner Wichtigkeit für die älteste Kunde einer großen Anzahl von Orten in Nieder= sachsen und Westfalen auch für die allgemeine deutsche Geschichte schon darum von großer Bedeutung sein muß, weil es von dem großartigen Grundbesitze eines angesehenen älteren Benedictinerklosters in den ersten beiden Jahrhunderten seines Bestehens ein anschauliches Bild giebt. Seine Wichtigkeit liegt aber auch darin, daß es eine Menge meistens unbekannter Grafen jener Zeit nennt, von denen erst bei weiteren Urkundenpublikationen hoffentlich noch der eine oder andere genauer bekannt wird. Vorläufig müssen wir uns begnügen, gestützt auf die gewonnenen chronologischen Resultate ihre Namen der Zeit zuzuweisen, auf welche das Drittel des Registers, in welchem sie vorkommen, hinweist.

Im älteren Drittel finden sich folgende Grafen, die demnach zwischen 822 und 836 gelebt haben: Buto §. 227, Ymmad §. 228 und 271, Enno §. 229, 249 und 287, mit seiner Schwester Cunihilb §. 242, als Sohn Amal . . . bezeichnet §. 244; Ricbert §. 239, Wihric §. 241 und 258, Wichmann §. 242, Odo §. 253, Bernhard §. 260, Thuring §. 266, 271 und §. 364; Amalung §. 271 und 316, Teodger §. 278, Thiodger §. 279 und 280, Bevo §. 311 und Hoger §. 327.

Im zweiten Drittel finden wir folgende Grafen, die demnach in der Zeit 836—891 zu suchen sind: Marcobodo §. 368, 373, 390, 393 und 402, der nach §. 373 um 850 gelebt haben muß, ebenso Barbo, erwähnt in §. 373, 382, 393, 456, 470, 481; ferner Thiabger, erwähnt in §. 378 und 393, der vielleicht mit dem oben genannten Grafen Teodger und Thiodger identisch ist, Bevo, vielleicht dieselbe Person, wie der §. 311 erwähnte Graf dieses Namens. Ferner gehören hierher Hrobgerus,

Theodgers Sohn, Besitzer von Gut in Mayngoteshusen (Maigabessen) und Bosseßburinn (Bosseborn) nahe bei Höxter nach §. 402, als Zeitgenosse Graf Markbodos auch bald nach 850 lebend, sodann Rayuman §. 438, Leobulf §. 449, Landward und Bernheri, nach §. 456 Zeitgenossen Graf Barbos, Bernharius §. 472 und Theobmar, nach §. 481 gleichfalls ein Zeitgenoß Graf Barbos.

Im letzten Drittel des Traditionsregisters begegnen wir noch folgenden Grafen, die uns bisher unbekannt geblieben sind und die wir in der Zeit 891—1037 zu suchen haben: Bernharb §. 3, Borcharb, Sibeits Sohn nach §. 183 und Werinfrieb, ein Bruder Gottfriebs nach §. 190.

Jetzt haben wir noch zu fragen, wie es kommt, daß die Reihe der von 822—1037 erfolgten Trabitionen in der 1479 von dem Mönch Johannes gemachten Abschrift so widernatürlich verkehrt wurden, daß die jüngsten Trabitionen voranstehen, die ältesten dann folgen und die mittleren den Schluß bilden. Hirsch und Waitz, Krit. Prüfung S. 105 sind der Meinung, daß jener Mönch Johannes der jetzt verlorenen Urhandschrift verlegt oder verbunden vorgefunden habe und daß so die abweichenbe Ordnung zufällig entstanden sei. Diese Ansicht theilt P. Wiganb nicht; er ist in Folge der falschen Beziehung des §. 225 auf das Vorhergehende der Meinung, in §. 1—224 steckten die ältesten Trabitionen aus Abt Abalharbs Zeit und glaubt barum noch nicht an eine Verschiebung der Ordnung, die sich bei unsrer Untersuchung boch unzweifelhaft herausgestellt hat. Indem wir uns unter biesen Umständen der Ansicht von Hirsch und Waitz burchaus zuneigen, wagen wir boch nichts zu entscheiden, ba es uns nicht möglich war, jene Johanneische Abschrift der Trabitionen aus bem Jahre 1479, welche sich jetzt im Provinzialarchiv zu Paberborn befinden soll, einer genaueren Prüfung zu unterziehen. Möglicher Weise könnte ja eine solche Aufklärung geben, wie die jetzige Verschiebung ber Orbnung entstanden ist. Hoffentlich bietet sich bem Verfasser bemnächst einmal Gelegenheit, jene Prüfung vorzunehmen; bis bahin wirb er sich mit ben gefundenen ziemlich zahlreichen historischen Anhaltspunkten ber Corveyschen Trabitionen und ben burch bie= selben gewonnenen chronologischen Resultaten begnügen.

Somit ist nachgewiesen, baß die Behauptung Erharbs, bas Verzeichniß der Corveyschen Trabitionen sei „ganz orbnungslos und baher für die Geschichte im Allgemeinen wenig brauchbar" ebenso unhaltbar ist, wie die Ansicht P. Wiganbs, baß „die alten Verzeichniße selten in fortlaufender Reihe verfaßt" seien, auf unser Werk nicht paßt. Aber Wiganb spricht in seinem Archiv I, 2, 2 noch eine Behauptung aus, welche ber Prüfung und Erklärung bebarf. Er sagt nämlich: Die alten Register sind gewöhnlich auch „lücken= haft und fragmentarisch" und setzt hinzu, baß in unsern Trabitionen bebeutenbe Erwerbungen Corveys gänzlich fehlen. Diese Behauptung ist allerdings wahr, aber wir glauben biese Thatsache erklären zu können.

Aus Schatens Annales Paderbornenses und aus Erharbs Regesta historiae Westfaliae wissen wir, welchen bebeutenden Güterbesitz die beutschen Kaiser und Könige namentlich aus bem Hause ber Karolinger bem Kloster Corvey in ben ersten Jahrhunderten seines Bestehens zugewanbt haben. Etwa 20 Kaiserurkunden berichten solche Schenkungen. Aber von keiner einzigen berselben ist in ben Trabitionen die Rebe. Wenn wir bemnach die Unvollständigkeit und Lückenhaftigkeit unserer Trabitionen offen ein= räumen, so können wir boch nicht umhin, nach bem Grunde berselben zu fragen.

Jedenfalls waren bie beutschen Mönche, unter ihnen namentlich die Cistercienser und Benedictiner, zu umsichtige Haushalter, als baß sie die Register ihrer Einnahmen, Güter und Grundstücke in irgend einer Hinsicht leichtfertig angelegt und geführt haben sollten. Es ist nicht benkbar, wie ber alte uns unbekannte Zusammensteller ber Corveyschen Trabitionen um 1037 bazu gekommen sein sollte, gerabe die bebeutendsten, gerabe bie von Königen und Kaisern geschenkten Güter in bem Register unerwähnt zu lassen. Nothwendig muß biese Weglassung mit Absicht und Vorbebacht geschehen sein. Wie man bazu kam, ist vielleicht so zu erklären. Ueber bie von Kaisern und Königen geschenkten Güter wurden Urkunden ausgestellt; sie bienten zum Beweis= mittel für die betreffenbe Erwerbung. Wenn aber weniger hochgestellte Personen bem Kloster Grundstücke trabirten, so sah man in jener Zeit, wo bas Schreiben noch eine seltene Kunst war, von ber Ausstellung einer förm= lichen Urkunde ab. Da begnügte man sich mit ber vor Zeugen abgelegten Erklärung bes Schenkgebers über

12

seine Schenkung und mit der feierlichen Tradition des geschenkten Gutes. Diese bestand in der symbo=
lischen Uebergabe eines grünen Zweiges oder eines grünen Rasenstückes, wie sie nach §. 363 die sächsische
Volkssitte vorschrieb. War diese geschehen, so trug dann ein des Schreibens kundiger Mönch des Klosters,
welcher der Uebergabe auf der Gerichtsstätte des Gaues in Gegenwart des Comes oder vor dem Hochaltar
der Klosterkirche (§. 424) beigewohnt hatte, eine kurze Nachricht der geschehenen Tradition in das amt=
liche Traditionsregister ein. Dabei mußten der Schenkgeber und das tradirte Gut genannt, die etwa ge=
stellten Bedingungen der Uebergabe bemerkt und namentlich die anwesenden Zeugen mit aufgeführt werden.
Auf diese letzte Angabe legte man darum so hohen Werth, weil die Zeugen, deren mindestens zwei, oft=
mals aber über vierzig waren, [durch ihr Zeugniß für die Sicherheit des tradirten Gutes dem Kloster
gleichsam Bürgschaft und Gewähr leisteten. Auffallend aber gewiß bezeichnend ist dabei die Thatsache,
daß bei den 261 Traditionen, welche in den beiden ältern Dritteln des Registers von §. 225—486 be=
richtet werden, die Zeugen nur drei mal nicht genannt sind, nämlich in §. 325, 348 und 351; während
sie in den 224 Traditionen des jüngsten Drittels nur ein einziges Mal, nämlich in §. 40, mit angeführt
sind. Offenbar hatte die etwa 70 Jahre lang (822—891) durchgeführte Gewöhnung, die Zeugen der
Traditionen mit aufzuschreiben, das Bewußtsein, daß die Eintragung erworbenen Gutes ins Traditions=
register dessen ruhigen Besitz genügend garantire, im Kloster und dessen Umgebung so befestigt, daß man
seit Ende des 9. Jahrhunderts die Aufführung der Zeugen hinter den Traditionsnotizen für entbehrlich hielt.

Demnach ist unser Traditionsregister zwar nicht absolut vollständig und lückenlos; es enthält aber
doch eine vollständige und wohlgeordnete Reihe aller dem Kloster Corvey von 822—1037 auf öffentlichen
Malstätten oder vor dem Hochaltar seiner Kirche von nichtfürstlichen Personen übergebenen Güter, über
deren Erwerb keine Urkunde aufgenommen war. So bilden also die Urkunden und das Traditionsregister
erst zusammen ein Ganzes und dienen gemeinsam dem Zwecke, den Bestand der Klostergüter nachzuweisen
und zu sichern, in ausreichender Weise. Ob man nach alle dem die Corveyschen Traditionen noch ferner als ein
ordnungsloses, lückenhaftes und für die Geschichte im Allgemeinen wenig brauchbares Verzeichniß anzu=
sehen berechtigt ist, überlassen wir dem geneigten Ermessen des denkenden Lesers.

Schulnachrichten.

A. Lehrverfassung.

In der Durchführung des vom Herzoglichen Consistorium durch Rescript vom 29. April 1876 genehmigten Lehrplanes unsres Gymnasiums wurden wir leider zweimal erheblich gestört. Denn auch in diesem Jahre entzog die Erfüllung militärischer Pflichten unsern Collegen, den Dr. Begemann, seinem Berufe in der Schule. Durch das Generalcommando des zehnten Armeecorps zu Hannover ward derselbe für 8 Wochen vom 1. August bis zum 23. September 1876 und dann nochmals für 40 Tage vom 1. März bis 9. April 1877 zu militärischen Uebungen nach Braunschweig einberufen. Wenn auch die übrigen Collegen einen Theil der Stunden des abwesenden Collegen bereitwillig übernahmen, so ließen sich doch manche unangenehme Störungen der Continuität des Unterrichts leider nicht vermeiden.

Nach dem Lehrplan unterrichteten im verflossenen Schuljahre:

1. Director Dr Dürre, Classenlehrer in Prima, in I. 5 St. Griechisch, 4 St. Lateinisch, 2 St. Hebräisch; in II. 2 St. Hebräisch.

2. Professor Dr. Leibloff, Classenlehrer in Secunda, in I. 4 St. Lateinisch, 1 St. Griechisch (Homer) und 2 St. Französisch; in II. 7 St. Lateinisch und 4 St. Griechisch.

3. Oberlehrer Dauber, Classenlehrer in Tertia, in I. 3 St. Deutsch und 2 St. Englisch; in II. 2 St. Griechisch (Homer), 3 St. Lateinisch (Vergil und Aufsätze) und 2 St. Englisch; in III. 8 St. Lateinisch.

4. Gymnasiallehrer Dr. Begemann, Classenlehrer in Quarta, in I. 3 St. Geschichte; in II. 3 St. Geschichte; in III. 6 St. Griechisch und 2 St. Deutsch; in IV. 8 St. Lateinisch.

5. Gymnasiallehrer Ernesti, Classenlehrer in Quinta, in IV. 6 St. Griechisch, 3 St. Geschichte und Geographie, 2 St. Lateinisch; in V. 10 St. Lateinisch und 2 St. Deutsch.

6. Oberlehrer Dr. Marr, Classenlehrer in Sexta, in V. 3 St. Französisch und 2 St. Geographie; in VI. 10 St. Lateinisch, 2 St. Deutsch, 2 St. Geographie und 2 St. Naturgeschichte.

7. Oberlehrer Dr. Clasen in I. 4 St. Mathematik und 2 St. Physik; in II. 4 St. Mathematik, 1 St. Physik und 2 St. Französisch; in III. 3 St. Mathematik und 2 St Französisch; in IV. 3 St. Mathematik; und für Schüler aller Classen 5 St. Turnen.

8. Pastor Schumann in I. 2 St. Religion; in II. 2 St. Religion und 2 St. Deutsch; in III. 2 St. Religion, 2 St. Lateinisch (Ovid) und 3 St. Geschichte und Geographie.

9. Gymnasiallehrer Bretschneider 10 St. Zeichnen für Schüler aller Classen, in III. 2 St Naturgeschichte; in IV. 2 St. Naturgeschichte; in V. 3 St. Schreiben; in VI. 3 St. Schreiben.

10. Gymnasiallehrer Binneweis in IV. 2 St. Religion, 2 St. Deutsch und 2 St Französisch; in V. 3 St. Religion, 3 St. Rechnen und 2 St. Naturgeschichte; in VI. 3 St. Religion und 4 St. Rechnen.

11. Gesanglehrer Eißoldt 6 St. Singen für Schüler aller Classen.

Aus griechischen und lateinischen Schriftstellern ist im verflossenen Schuljahre gelesen:
In **Prima**: Cicero de oratore lib. I. Tacitus Germania und Annal. I., 1—15. Horaz Oben B. 3. Satiren B. 2, 1. 2. 4. 5. 6. 7. 8. Epist. ad Pisones. Homer Ilias Buch 21—24, 1—7. Sophoclis Philocteta und Thucydidis lib. 3 mit Ueberschlagung zweier Reden. In **Secunda**: Livius Buch 4. Ciceros Rede pro Roscio Amerino. Vergil, Aeneis B. 5. 6. Homers Ilias B. 11—15. Herodot Buch 9. Plutarchs Gracchen. In **Tertia**: Curtius B. 3 und 4 bis Cap. 13. Ovid. Metam. nach der Auswahl von Sie-belis, Abschn. 38—41. Homers Odyssee Buch 14 und 15. Xenophons Anabasis Buch 1. In **Quarta**: Cornelius Nepos, die 6 ersten Vitae.

Themata der in den oberen Classen gefertigten Aufsätze.

1. Lateinische Aufsätze.

In Prima im Sommersemester: 1. a, Quam mobilis sit aura popularis exemplis ex historia petitis demonstratur. b, De Priamo Achilli supplice. 2. a, Exulare cur tantum vete-nibus malum visum sit. b, Fortunam eos, quos plurimis beneficiis ornavit, plerumque ad duriorem casum reservare Pompei exemplo ostenditur. 3. a, Quibus maxime virtutibus admirabilis extiterit P. Cornelius Scipio Africanus major. b, Marcet sine adversario virtus. (Chrie.) 4. a, Non obtemperandum est praecepto illi Horatiano: Quid sit futurum cras, fuge quaerere. b, Duobus Arpinatibus Romanos debuisse salutem. Im Wintersemester: 1. a, Quo jure Horatius Caesarem Augustum summis laudibus ornaverit. b, Populi Romani magnitudo admirabilior est rebus secundis quam adversis. 2. a, Quibus institutis Graeci in unum corpus coaluerint. b, Quam vim ludi gladiatorii ad formandos Romanorum mores habuerint. 3. a, Rebus in adversis facile est contemnere vitam; fortiter ille facit, qui miser esse potest. b, Calamitatem recte dici occasionem virtutis. 4. Quibus rebus liberae reipublicae temporibus adolescontes Romani laudem et gloriam appetiverint.

In Secunda im Sommersemester: 1. Secundum bellum Punicum breviter narvatur. 2. Vita Meleagri. Im Wintersemester: 1. Meleager et Achilles inter se comparantur. 2. Ajax ad Achillis arma obtinenda verba facit.

2. Deutsche Aufsätze.

In Prima im Sommersemester: 1. a, Der Cid ein Muster ritterlicher Tugend. b, Dauer im Wechsel. Erklärung eines Gedichts von Goethe. 2. a, Arbeit ist des Blutes Balsam, Arbeit ist der Tugend Quelle. b, Der Fischer und der Erlkönig. Eine Vergleichung. 3. a, Der Mensch bedarf des Menschen. b, Wie spiegelt sich in Goethes Götz von Berlichingen das Mittelalter und die anbrechende Neuzeit? 4. In welchem Conflicte befindet sich Goethes Iphigenie und wie löst sie denselben? Im Win-tersemester: 1. a, Erst wägen, dann wagen. b, Wallensteins Soldateska. 2. a, Heilig sei dir der Tag, doch schätze das Leben nicht höher als ein anderes Gut, und alle Güter sind trüglich. b, Es leitet dich auch die Natur zum Wahren, Guten, Schönen. 3. a, Die verschiedenen Formen, in denen die Treue im Nibelungenliede erscheint. b, Die Vorfabel zu Lessings Minna von Barnhelm. 4. Was ist in Herders Wahlspruch „Licht, Liebe, Leben" als die Bestimmung des Menschen bezeichnet?

In Secunda im Sommersemester: 1. a, Die Vorzüge des Fußreisens. b, Das Jahr 1813. 2. a, Welche Gründe veranlaßten die Hinrichtung der Maria Stuart? b, Ende gut, Alles gut. 3. a, Das Mönchthum im Mittelalter. b, Gang der Handlung in Uhlands Ernst von Schwaben. 4. a, Jedes

Jetzt hat Flügel, die Erinnerung hält den Zügel, jeder Augenblick enteilt, süßes Angedenken weill. b, Welchen Nutzen und welche Annehmlichkeiten gewähren uns die Gebirge? Im Wintersemester: 1. a, Wie stellen sich die handelnden Personen in Uhlands Ernst von Schwaben zu dem Streben nach größerer Reichseinheit? b, Gisela. Ein Characterbild nach Uhland. 2. a, Warum werden die Verdienste großer Männer oft erst nach ihrem Tode anerkannt? b, Tu ne cede malis, sed contra audentior ito (Chrie.) 3. a, Die Entwickelung der äußeren Politik Roms in der zweiten Periode der Republik (264—133). b, Die Vorfabel zu Lessings Minna von Barnhelm. 4. a, Franziska und der Wachtmeister. Aus Lessings Minna von Barnhelm. (Classenarbeit.) 5. a, Die erste Christengemeinde nach der Apostelgeschichte. b, Laßt uns zufrieden sein nur mit des Glückes Gaben; mit dem nie, was wir sind; mit dem nur, was wir haben.

Aufgaben zu den Prüfungsarbeiten der Abiturienten.

Michaelis 1876. 1. Deutsch: Die Soldateska in Wallensteins Lager. 2. Lateinisch: Neoptolemus Sophocleus fraudis et perfidiae culpam quomodo in se admiserit et a se demoverit. (Nach der Lectüre des Philoklet.) 3. Mathematik: a. Einen Kreis zu construiren, der durch einen Punkt geht und einen Kreis berührt, so daß die Entfernungen des Mittelpunkts des gesuchten Kreises von zwei gegebenen Geraden ein gegebenes Verhältniß haben. b, Einen Kreis zu construiren, der zwei gegebene Kreise rechtwinklig schneidet, einen dritten gegebenen Kreis berührt und durch einen gegebenen Punkt geht. c, Wie lange kann man eine Jahresrente von 4500 M. genießen, wenn man zu diesem Zwecke ein Capital von 50000 M. zu 3 % auf Zinseszinsen gegeben hat? d, Drei Zahlen stehen in geometrischer Progression; ihre Summe ist 28, das Product aus dem mittleren Gliede und der Summe der beiden äußeren ist 160. Welches sind die drei Zahlen? e, Welche Winkel, die kleiner als 360° sind, genügen der Gleichung

$$\sin . x — \sin . 2x = \tfrac{1}{3} \, tg . x$$

f. Seiten und Winkel eines Dreiecks zu berechnen, in welchen

$$\alpha = 84° \, 27' \, 16''$$
$$b + c = 10$$
$$\beta — \gamma = 11° 24' \, 32''$$

g, Ein gerader Kegel, dessen Grundfläche den Radius r hat und dessen Seite 2r ist, soll durch einen Schnitt parallel der Grundfläche so getheilt werden, daß beide Körper gleiche Gesammtoberfläche haben. Wie groß ist die Seite des abgeschnittenen Kegels?

Ostern 1877. 1. Deutsch: Welche Züge mildern das Grauenhafte in dem Charakter Hagens? 2. Lateinisch: Unius viri virtute saepissime omnem reipublicae salutem inniti exemplis ex historia petitis demonstratur. 3. Mathematik: Es ist ein Dreieck ABC gegeben. Welchen Winkel muß eine durch A gehende Gerade mit AB bilden, damit die Projectionen der den Winkel A einschließenden Seiten auf diese Gerade mit den erwähnten Seiten und projicirenden Perpendikeln gleiche Dreiecke einschließen? b, Von der Linie AB = a soll von A aus ein Stück AO abgeschnitten, über diesem Segment als Grundlinie ein gleichseitiges Dreieck, über dem Rest der Linie als Seite ein Quadrat construirt und hierauf die Spitze des Dreiecks mit der nächstliegenden Quadratecke verbunden werden. Wie groß ist AO zu nehmen, damit der Flächenraum der so entstandenen fünfseitigen Figur ein Minimum werde? c, Die Are eines Cylinders = a ist gegen den Grundkreis unter einem Winkel α geneigt, seine Höhe ist der Peripherie des Grundkreises gleich. Wie lang ist die Seite eines Würfels, dessen Inhalt dem des Cylinders gleich ist? d, Um ein Viereck ein Quadrat zu construiren.

Hülfsmittel beim Unterricht.

Außer den für die häuslichen Arbeiten nöthigen Wörterbüchern und dem Schulgesangbuche werden in den einzelnen Classen folgende Bücher und Unterrichtsmittel gebraucht:

In Sexta: 1. Der Landeskatechismus. 2. Das Braunschweigische Gesangbuch. 3. Biblische Geschichte von Bosse. 4. Scheele, Vorschule zu den latein. Classikern. 5. Deutsche Elementargrammatik. von Heidelberg. 6. Deutsches Lesebuch von Hopf und Paulsiek I. 7. Lüben, Geographischer Leitfaden. 8. Schulatlas von Liechtenstern & Lange. 9. Rechenaufgaben von Schellen. 10. Schulnaturgeschichte von Leunis (Zoologie). 11. Rebbeling, Hülfsbuch für den Gesangunterricht.

In Quinta: 1. Ellendt-Seyffert, Lateinische Grammatik. 2. Haacke, Aufgaben zum Uebersetzen ins Lat. für Sexta und Quinta. 3. Jacobs, Elementarbuch der lateinischen Sprache I. 4. Deutsches Lesebuch von Hopf und Paulsiek II. 5. Berliner Regeln und Wörterverzeichniß für die deutsche Ortho= graphie. 6. Plötz, Französische Elementargrammatik. 7. Schulnaturgeschichte von Leunis (Botanik). 8. Döberlein, Latein. Vocabularium. Außerdem aus Sexta 1. 2. 3. 5. 7. 8. 9. 10. 11.

In Quarta: 1. Hoffmann, Uebungsstücke zum Uebersetzen ins Lateinische. 2. Cornelius Nepos. 3. Jacobs, Elementarbuch der lateinischen Sprache II. 4. Curtius, Griech. Schulgrammatik. 5. Schenkl, Griech. Elementarbuch. 6. Jacobs, Elementarbuch der griech. Sprache I. 7. Deutsches Lesebuch von Hopf und Paulsiek III. 8. Schumann, Planimetrie. 9. Barden, Sammlung von arithmet. Aufgaben. 10. O. Jäger, Hülfsbuch für den Unterricht in der alten Geschichte. 11. Daniel, Geographischer Leitfaden. 12. Lentz, Griech. Vocabularium. Außerdem aus Sexta: 1. 2. 5. 8. 9. 10. 11. und aus Quinta: 1. 2. 5. 6. 7. 8.

In Tertia: 1. Die Bibel. 2. Caesar, bellum Gallicum. 3. Ovid. Metamorphosen in Siebelis Auswahl. 4. Haacke, Aufgaben zum Uebersetzen ins Lateinische für Quarta. 5. Xenophon Anabasis. 6. Homer, Odyssee. 7. Wohlrab, Griech. Aufgabensammlung II. 8. Plötz, Franz. Schulgrammatik. 9. Süpfle, Franz. Chrestomathie. 10. Deutsches Lesebuch von Hopf und Paulsiek für Tertia. 11. D. Müller, Leitfaden zur Geschichte des deutschen Volkes. 12. Schulnaturgeschichte von Leunis (Mineralogie). Außerdem aus Sexta: 1. 2. 8. aus Quinta: 1. 5. 8. und aus Quarta: 1. 4. 6. 8. 9. 11. 12.

In Secunda: 1. Novum testamentum Graecum. 2. Palmer, Kirchengeschichte. 3. Livius. 4. Sallustius. 5. Ciceronis orat. selectae. 6. Vergilius. 7. Horatius, Oden. 8. Süpfle, Aufgab. zu lat. Stilübungen II. 9. Homeri Ilias. 10. Herodotus. 11. Lysiae orationes. 12. Plutarch einige vitae. 13. Böhme, Aufgaben zum Uebersetzen ins Griechische. 14. Hebräische Grammatik von Gese= nius=Röbiger. 15. Hebräisches Lesebuch von Gesenius=Heiligstedt. 16. Zimmermann, Lehrbuch der englischen Sprache. 17. Hoffmann, Samml. planimetrischer Aufgaben. 18. Vega, Logarithmentafeln. 19. Trappe, Schulphysik. 20. Herbst, Histor. Hilfsbuch I. 21. Kiepert, Atlas der alten Welt. Außerdem aus Sexta 1. 2. 8; aus Quinta: 1. 8.; aus Quarta: 4. 8. 9. 11. 12.; aus Tertia: 1. 6. 8. 9.

In Prima: 1. Palmer, Glaubens= und Sittenlehre. 2. Tacitus. 3. Cicero de Oratore und Tusculanae quaestiones. 4. Quintiliani lib. 10. 5. Horatii Satirae und Epistolae. 6. Plautus (Miles und Captivi). 7. Seyffert, Materialien z. Uebers. ins Lateinische. 8. Sophocles (Antigone, Oedipus Rex, Philoctet). 9. Demosthenes Or. Philippicae. 10. Thucydides. 11. Plato (die leich= teren Dialoge). 12. Franke, Aufg. z. Uebers. ins Griechische III. 13. Plötz, Manuel de la littérature Française. 14. Herrig, British classical authors. 15. Herbst, histor. Hilfsbuch II. u. III. 16. Heis, Samml. arithm. Aufgaben. 17. Reidt, Trigonometrie. 18. Reidt, Stereometrie. Außerdem aus Sexta 8, aus Quinta 1, aus Quarta 4. 12, aus Tertia 8, aus Secunda 1. 2. 5. 7. 9. 14. 15. 16. 17. 18. 19. 20. 21.

B. Mittheilungen und Verfügungen der oberen Behörden.

Im verflossenen Schuljahre 1876|77 erhielt der Director vom Herzoglichen Consistorium folgende Rescripte direct:

1. Rescr. vom 29. April 1876 Nr. 1985 Genehmigung des Lehrplanes für das Schuljahr 1876|77. 2. Rescr. vom 27. Mai Nr. 2556 Bestimmung über die Dauer der Sommerferien. 3. Rescr. vom 27. Mai Nr. 2633 Anzeige, daß der Schulamtscandidat Ernesti zum Gymnasiallehrer am hiesigen Gymnasium höchsten Orts ernannt sei. 4. Rescr. vom 10. Juni Nr. 2734 Aufforderung zum Bericht hinsichtlich eines Michaelis 1873 ausgestellten Maturitätszeugnisses. 5. Rescr. vom 17. Juni Nr. 2894. Dem Oberlehrer Dr. Clasen wird die Bestätigung im Amte ertheilt. 6. Rescr. vom 17. Juni Nr. 2898. Mittheilung über die zum Besuch der Deutschen Kunst= und Kunstgewerbeausstellung zu München zu benutzenden Saisonkarten. 7. Rescr. vom 12. Aug. Nr. 3731 Die Zulassung eines Extraneus zum Maturitätsexamen betreffend. 8. Rescr. vom 15. August Nr. 3780. Mittheilung wegen der Feier des Sedantages. 9. Rescr. vom 26. Aug. Nr. 3880. Der Director wird autorisirt, einen Extraneus vom Maturitätsexamen zurückzuweisen. 10. Rescr. vom 26. Aug. Nr. 3976. Mittheilung eines Schreibens des Königlich Preußischen Ministers der geistlichen Angelegenheiten in Sachen eines beanstandeten Maturitätszeugnisses. 11. Rescr. vom 16. September Nr. 4321. Bestimmungen über die Aufnahme von Schülern andrer Gymnasien wiederholt. 12. Rescr. vom 21. October Nr. 4827 Anweisung einer Remuneration auf die Gymnasialcasse. 13. Rescr. vom 21. October Nr. 4842 Die Dispensation eines Quartaners vom Unterrichte im Griechischen wird genehmigt. 14. Rescr. vom 18. November Nr. 5289 Aufforderung zum Gutachten über den Einfluß der sich zum einjährig=freiwilligen Dienste auf dem Gymnasium vorbereitenden Schüler. 15. Rescr. vom 18. November Nr. 4667 Rücksendung der Acten der Maturitätsprüfung zu Michaelis. 16. Rescr. vom 2. December Nr. 5482 Ernennung eines Stipendiaten.

Von Herzoglichem Staatsministerium ward durch Rescript vom 20. December Nr. 9225 angezeigt, daß der Director zum stimmberechtigten Mitgliede des Gymnasialcuratoriums ernannt sei.

Von Herzoglicher Ober=Schulcommission erhielt der Director im Rescript vom 15. Januar 1877 Nr. 6, durch welches eine veränderte Fassung der Zeugnisse über die wissenschaftliche Befähigung für den einjährig=freiwilligen Militairdienst vorgeschrieben wird.

Durch Vermittelung des Herrn Ephorus wurden dem Director folgende Rescripte des Herzoglichen Consistoriums mitgetheilt:

1. Rescr. vom 22. April 1876 Nr. 1975 Der Oberlehrer Dr. Leibloff wird zum Professor ernannt. 2. Rescr. vom 6. Mai Nr. 1976 Rücksendung der Acten der Ostern abgehaltenen Maturitätsprüfung. 3. Rescr. vom 10. Mai Nr. 2260. Vier Schülern wird das Schulstipendium verliehen. 4. Rescr. vom 27. Mai Nr. 2550 Bewilligung von Schulgelderlaß für das Sommersemester. 5. Rescr. vom 28. October Nr. 4925 Ernennung eines Stipendiaten. 6. Rescr. vom 4. November Nr. 5003 über die Remunerirung geleisteter Vacanzarbeiten. 7. Rescr. vom 18. November Nr. 5235 Schulgelderlaß betreffend. 8. Rescr. vom 9. December Nr. 5577 Die Vertretung eines abwesenden Lehrers betreffend. 9. Rescr. vom 29. December Nr. 5897 Ueberrsendung des Etats der Gymnasialcasse für das Jahr 1877.

Vom Gymnasialcuratorium gingen dem Director folgende Rescripte der Herzoglichen Ober= Schulcommission zu: 1. Rescr. vom 19. Januar Nr. 14. Ablehnung eines Antrages auf eine Gehaltszulage. 2. Rescr. vom 19. Januar Nr. 16 Ernennung eines Stipendiaten.

C. Chronik des Gymnasiums.

1. Durch Allerhöchstes Patent vom 25. April 1876 wurde der Oberlehrer Dr. Leibloff zum Professor ernannt.

2. Mittwoch, den 26. April 1876 ward das neue Schuljahr mit der üblichen Morgenandacht eröffnet. Als der Director nach derselben den neu eintretenden Lehrer Ernesti der Schulgemeinde vorgestellt hatte, führte er die versetzten und neu aufgenommenen Schüler in ihre Classen ein.

3. Der bisherige Hilfslehrer Ernesti ward durch Allerhöchstes Patent vom 20. Mai zum Gymnasiallehrer am hiesigen Gymnasium ernannt. Nachdem derselbe am 27. Mai vor Herzoglichem Consistorium beeidigt war, wurde er am 8. Juni vom Ephorus des Gymnasiums, Herrn Generalsuperintendent Bank, in herkömmlicher Weise in sein Amt eingeführt.*)

4. Am 10. und 11. Juni machten etwa 20 Schüler der oberen Classen in Begleitung der Dr. Clasen und Begemann eine Turnfahrt nach Pyrmont und dem Köterberge.

5. Sonnabend den 1. Juli schlossen wir das erste Quartal mit einem Redeact in der Turnhalle. Zu diesem beclamirten mehrere Schüler der unteren Classen, drei Secundaner trugen eine Scene aus Uhlands Ernst von Schwaben vor, und der Primaner Meyer hielt eine deutsche Rede.

6. Am 13. Juli verstarb während der Sommerferien ein hoffnungsvoller Schüler der Anstalt, Emil Stukenberg zu Forst an der Nachenbräune.

7. Am 17. September feierten die Lehrer und 60 Schüler der oberen Classen in der Stadtkirche gemeinsam das heilige Abendmahl, welches ihnen Herr Generalsuperintendent Bank spendete.

8. Am 26. September hielten wir in Anwesenheit des Herrn Generalsuperintendent Bank als Regierungscommissarius die Maturitätsprüfung ab. Zwei Abiturienten erhielten das Zeugniß der Reife zu akademischen Studien.

9. Am 30. September schlossen wir das Sommersemester mit einem Redeactus in herkömmlicher Weise. Nach den Declamationen einiger Schüler der unteren Classen redete der Primaner Kuhlmann lateinisch über das Wort: Nil sine magno labore Musa dedit mortalibus und der Abiturient Meyer hielt eine deutsche Rede über die Schillersche Mahnung: Ans Vaterland, ans theure, schließ dich an! Zum Schluß wies der Director auf den 28. September 1826 hin, als den Tag, an welchem das Gymnasium vor 50 Jahren in das jetzige Schulhaus eingezogen sei, theilte bei dieser Gelegenheit manches aus der Geschichte des Gymnasiums mit und entließ zum Schluß die Abiturienten.

10. Am Donnerstag, den 26. October betheiligte sich Director und Lehrercollegium auf Einladung des städtischen Schulvorstandes an der Einweihung des neuen Gebäudes für die hiesige städtische Bürgerschule.

11. Unser College Dr. Begemann wurde durch Allerhöchste Cabinetsordre Sr. Majestät des Deutschen Kaisers vom 11. November zum Seconde-Lieutenant der Reserve im 4. Magdeburgischen Infanterie-Regiment Nr. 67 ernannt.

12. Am Mittwoch, den 20. December veranstalteten die Schüler der oberen Classen ein Concert zum Besten eines fast erblindeten Künstlers, welches an 150 M. Reinertrag einbrachte. In Anerkennung der bewiesenen Menschenfreundlichkeit gestattete die Schule den Schülern, dem Concert ein Tanzvergnügen folgen zu lassen.

13. Am Sonnabend, den 23. December schlossen wir das Jahr mit einem Redeact, in welchem Schüler der untern und mittleren Classen beclamirten und die Primaner Müller und Rohde selbstverfaßte Reden hielten, jener in deutscher, dieser in lateinischer Sprache.

14. In den Weihnachtsferien verstarb am 2. Januar 1877 der oberste Primaner Franz Schröder zu Hankensbüttel im Kreise seiner Familie eines plötzlichen Todes am Herzschlage. Durch Biederkeit des

---

*) Eduard Ernesti, geb. den 9. Juli 1849, Sohn des Abtes und Consistorialrathes Ernesti in Wolfenbüttel, besuchte von Ostern 1860—70 das dortige Gymnasium, studirte auf den Universitäten Berlin, Heidelberg und Göttingen Philologie und machte auf letzterer sein Staatsexamen. Von Ostern 1875—76 war er an dem Gymnasium zu Braunschweig als Hilfslehrer thätig und ward, nachdem er von dort nach Holzminden versetzt war, durch Allerhöchstes Patent vom 20. Mai 1876 zum Gymnasiallehrer am hiesigen Gymnasium ernannt.

Charakters, unermüdlichen Fleiß und stille Bescheidenheit hat er sich die Liebe seiner Lehrer und Mitschüler erworben und leider das Ziel des Gymnasiums nicht erreicht, dem er so nahe war. 15. Am Montag, den 8. Januar 1877 hielt Herr General-Superintendent Bank eine Ansprache an die versammelte Schulgemeinde, in welcher er derselben die Einsetzung der Herzoglichen Ober-Schul-Commission als der obersten Schulbehörde und des hiesigen Gymnasialcuratoriums zur Anzeige brachte. 16. Am 16. März hielten wir die Abiturientenprüfung in Anwesenheit des Regierungscommissarius ab. Sechs Abiturienten erhielten das Zeugniß der Reife zu akademischen Studien. Der Schlußactus wird diesmal wegfallen, da den Director ein körperliches Leiden hindert, sich an demselben in gewohnter Weise zu betheiligen. Derselbe wird die Abiturienten am 24. März in der Classe entlassen.

D. Statistisches.

1. Frequenz der Schule.

	I.	II.	III.	IV.	V.	VI.	Im Ganzen.
Nach Ostern 1876	25.	30.	36.	23.	29.	27.	170.
Nach Johannis	25.	29.	37.	25.	28.	27.	171.
Nach Michaelis	23.	29.	37.	23.	29.	28.	169.
Nach Neujahr 1877	20.	28.	37.	22.	29.	28.	164.
Am 1. März	19.	28.	36.	22.	29.	28.	162.

2. Verzeichniß der abgegangenen Schüler.

A. Nach bestandener Maturitätsprüfung gingen ab nach Vollendung des zweijährigen Primacursus: Michaelis 1876: 1. Heinrich Meyer, Sohn des Bürgerschullehrers M. zu Bodenwerder, 21 Jahre alt, 2½ J. in Prima, zum Studium der Theologie nach Göttingen. 2. Isidor Katzenstein, Sohn des Kaufmanns K. zu Einbeck, 20½ J. alt, 2½ J. in Prima, zum Studium der Jurisprudenz nach Göttingen.

Ostern 1877: 1. Friedrich Bohne, Sohn des Posthalters B. zu Dassel, 21½ Jahre alt, 2½ J. in Prima, zum Baufach. 2. Gustav Kuhlmann, Sohn des Lehrers K. in Oerlinghausen im Lippeschen, 19¼ Jahr alt, zum Studium der Philologie nach Jena. 3. Carl Klügel, Sohn des Bürgermeisters K. zu Dassel, 18⅜ Jahre alt, zum Studium der Jurisprudenz nach Göttingen. 4. Adolf Rohde, Sohn des Pastors R. in Trenbelburg, 19 J. alt, zum Studium der Philosophie und Literatur nach Leipzig. 5. Paul May, Sohn des Eisenbahnzugführers M. in Holzminden, 19 J. alt, zum Studium der Mathematik nach Jena. 6. Wilhelm Müller, Sohn des verstorbenen Müllers M. in Aerzen, 20¾ J. alt, zum Studium der Jurisprudenz nach Göttingen.

B. Vor Beendigung des Gymnasialcursus gingen ab: Ostern 1876: Aus Prima: H. v. Mengerssen aus Helpensen. Aus Secunda: G. Sauer aus Holzminden zur Kaufmannschaft. Aus Tertia: L. Kubel aus Eschershausen zum Lehrerfache, E. Ebbighausen aus Binder auf eine andere Schule und Em. Schmelzkopf aus Gustedt. Aus Quarta: F. Katzenstein und H. Brandt aus Holzminden beide zur Kaufmannschaft. Aus Quinta: F. Rotbohm, H. Schmidt aus Holzminden und H. Böhl aus Wreschorobe, der erste, um Schriftsetzer, die beiden andern um Kaufleute zu werden. Aus Sexta: R. Wellenbrink aus Holzminden, um Kaufmann zu werden und F. Maetz aus Obernkirchen, um auf eine andere Schule überzugehen.

Johannis: Aus Secunda: Wilh. Wöhlecke aus Grünenplan auf das Lyceum zu Hannover. Aus Quinta: F. Stukenberg aus Forst, gestorben.

Michaelis: Aus Prima: W. Stappenbeck aus Salzwedel in das Büreaufach. W. Häberlin aus Metz auf das Gymnasium zu Metz. Aus Tertia: Fr. Banbau aus Köbbelitz, Fr. Münber aus Holzminden zur Kaufmannschaft. Aus Quarta: L. Weißing und C. Weigell aus Braunschweig auf die Realschule zu Braunschweig und C. Carriere aus Holzminden um Zahnarzt zu werden.

Im November: Aus Prima: Friedr. Bergmann aus Braunschweig erhielt eine Stelle an der Herzoglichen Bibliothek zu Wolfenbüttel und R. Gröning aus Hannover auf ein anderes Gymnasium.

Neujahr: Aus Prima: Fr. Schröber aus Hankensbüttel starb. Aus Secunda: W. Dickinson aus London. Aus Sexta: W. Polstorf aus Holzminden auf ein Privatinstitut zu Pforzheim.

Im Februar: Aus Prima: U. von Grone aus Holzminden zum Militärdienst. Aus Tertia: C. Eggers aus Siebolbshausen auf eine andere Schule.

3. Verzeichniß der Schüler am 1. März 1877*)

Prima.
1. Friedr. Bohne aus Dassel.
2. Hugo Stegmann aus Söllingen.
3. Gustav Kuhlmann a. Derlinghausen. Stipenb.
4. Carl Klügel a. Dassel. Stipenb.
5. Adolf Rohbe a. Trenbelburg. Stipend.
6. Paul May. Stipenb.
7. Victor Hampe.
8. Wilh. Müller a. Aerzen. Stip.
9. Max Hellemann. Stip.
10. Erich Heibloff.
11. Georg Neubauer a. Lüchow.
12. Ephraim Zeckenborf a. Hemmenborf.
13. Ludwig Herborl a. Reisenhausen. Stip.
14. Otto Pfaff.
15. Carl Röth a. Haina. Stipenb.
16. Willy Pfaff.
16. Heinr. Kunharbt a. Burtehube. Internus.
18. Carl Pieper a. Delcassen. Int.
19. Hugo Steinberg a. Stabtolbenborf.

Secunda.
1. Hugo Bach. Stipenb.
2. Max Damköhler. Stipenb.
3. Friedr. Corbes a. Einbeck. Int.
4. Ernst Kofen.
5. Hans Paris.

6. Paul Prüffing a. Altenborf.
7. Aug. Frand.
8. Richard von Lengerke a. Altenborf.
9. Hugo Schröber.
10. Ernst Sch'eller a. Einbeck.
11. Hermann Ahrens aus Neuwallmoben.
12. Hugo Salomon.
13. Adolf Kiene a. Einbeck.
14. Louis Ernst aus Dramselb.
15. Adolf Rasch a. Heckenbeck.
16. Hermann Grolrian a. Braunschweig.
17. Gust. Domeier a. Göttingen.
18. Ernst Lürig a. Einbeck.
19. Otto Hohmann a. Tartuhn.
20. Gust. Hassebraud.
21. Herm. Pfaff.
22. Carl Gronau a. Peine.
23. Albert Schier.
24. Felix Falkenstein.
25. Wilh. Zaiser a. Stabtolbenborf.
26. Herm. Ziegenmeyer.
27. Aug. Grimme a. Solmbach.
28. Wilhelm Weber.

Tertia.
1. Conrad Klette.
2. Walter Drube.
3. Werner Seebaß a. Stabtolbenborf.
4. Adolf Bernstein.

5. Ernst Dieberichs a. Northeim.
6. Conrab May.
7. Rubolf Haarmann.
8. Johannes Lübers.
9. Ebmund Bank.
10. Adolf Perl vom Eberstein. Int.
11. Otto Stappenbeck a. Salzwebel.
12. Carl Zeller a. Uslar.
13. Gerhard Pauli a. Bevern. Int.
14. Oscar Zeller a. Uslar.
15. Hermann Lungershausen a. Ellierobe.
16. Max v. Kauffmann.
17. Aler. Sterl a. Braunschweig.
18. Gustav Gieseke a. Gittelde.
19. Isaac Braunschilb a. Niehelm.
20. Hermann Sperber a. Polle.
21. Wilh. Kramer a. Kemnabe.
22. Robert Eimecke a. Watzum.
23. Theobor Albrecht a. Calefelb.
24. Johannes Bartels a. Stabtolbenborf.
25. Werner Kirchberg a. Uluseburg.
26. Abolf Eyme.
27. Hermann Kellner a. Stabtolbenborf.
28. Albert Elten vom Ahrensberg.
29. Max Dalberg a. Bralel.
30. August Muhs a. Dassel.
31. Emil May.
32. Otto Mittenborff a. Stabtolbenborf.

*) Die Schüler ohne Ortsangabe sind aus Holzminden.

33. Hermann Lacke.
34. Adolf Sinte.
35. Kurt v. Kauffmann.
36. Wilhelm Wirk a. Heckenbeck.

Quarta.
1. Georg Becke a. Peine.
2. Hermann Ruhe a. Grünenplan.
3. Carl v. Uslar a. Göttingen.
4. Adolf Herbort a. Reifenhausen.
5. Heinrich Müller a. Opperhausen.
6. Paul Hellemann.
7. Heinrich Müller a. Peine.
8. Wilhelm Wolff a. Wenzen.
9. Friedrich Schwarzlose a. Garbelegen.
10. Willy Stock.
11. Robert Brandmüller aus Greene.
12. Wilhelm Gercke.
13. Ernst Niemann a. Eschershausen.
14. Heinrich v. b. Wettern a. Gandersheim.
15. Robert Hintze.
16. Willy Ludwig.
17. Wilh. Budenbahl.
18. Ernst Böhnig.
19. Hermann Dürre.
20. Hermann Klie.
21. Otto Eyme.
22. Wilhelm Rott a. Stadtoldendorf.

Quinta.
1. Max Drube.
2. Carl Schier.

3. Louis Deyer a. Dassel.
4. Otto Hassebrauck.
5. Hermann Schmelzkopf aus Allersheim.
6. Albert Katzenstein.
7. Wilhelm Leitzen a. Stadtoldendorf.
8. Heinrich Bruns.
9. Johannes Maassberg.
10. Carl Hampe.
11. Otto Polack a. Ottenstein.
12. Asche v. Campe a. Stadtoldendorf.
13. Oscar Lübbecke aus Stadtoldendorf.
14. Adolf Ziegenmeyer.
15. August Hampe.
16. Hugo Schünemann a. Dassel.
17. Oscar v. Lengerke aus Altendorf.
18. Hermann Sternau.
19. Adolf Lohmann.
20. Adolf Schuwicht a. Carlshafen.
21. August Kerl a. Uslar.
22. Dietrich v. Grone.
23. Heinrich Lösekrug.
24. Otto Niemeyer.
25. Wilhelm Balke.
26. Hermann Lange.
27. Louis Sinramm a. Gandersheim.
28. Jacob Löwenstein a. Albaxen.
29. Fritz Leibloff.

Sexta.
1. Friedrich Beermann a. Bevern.
2. Friedrich Steinhoff a. Opperhausen.

3. Hans Buchheister.
4. Heinrich Berger a. Bevern.
5. Isidor Lebenbaum.
6. Louis Merkel a. Grünenplan.
7. Eduard Pfannkuche.
8. Wilhelm v. Campe a. Stadtoldendorf.
9. Emil Hintze.
10. Rudolf Müller.
11. Wilhelm Greune.
12. Gustav Schwarzlose a. Garbelegen.
13. Robert Strott.
14. Heinrich Müller.
15. Richard Homann.
16. Paul Gerhard.
17. Carl v. Bötticher.
18. Rudolf Hoffmeister.
19. Emil Katzenstein.
20. Paul v. Bock-Wülfingen a. Elbingerode.
21. Otto Müller.
22. Rudolf Hölbe.
23. Hermann Prüffing a. Allendorf.
24. Harry Grethen.
25. Wilhelm Tappe.
26. Heinrich Helmbrecht.
27. Louis Müller.
28. Carl Saftien.

E. Zuwachs der Bibliotheken seit Ostern 1876.

1. Der Gymnasialbibliothek.

Aeschyli Persae rec. Oberdick. Berol. 1876.
Aeschyli Septem ad Thebas ed. Ritschl. Elb. 1853.
Herodotus ed. R. Dietsch. 2 Vol. Lips 1874.
Homers Odyssee erkl. von Dünter. Paderb. 1875.
Xenophontis Anabasis recogn. et cum appar. critico edid. Breitenbach. Hal. 1867.
Xenophontis Hellenica ed. Dindorf. Lips. 1874.
Cicero de natura deorum erkl. v. Schömann. Berl. 1876.
Juvenal. In deutschen Jamben v. Hilgers. Lpz. 1876.
Livii ab Urbe condita libri ed. Weissenborn. 6 Bde. Lips. 1876.

Ovid, Metamorphosen erkl. v. M. Haupt. Berl. 1871.
Senecae libros de beneficiis et clementia rec. Herz. Berol. 1876.
Vergilii Bucolica erkl. v. Glaser. Halle 1876.
Vergils Bucolica u. Georgica v. Kappes. Lpz. 1876.
Ellendt-Seyffert, Latein. Gramm. 14. 17. Aufl. Berl. 1874-77.
Menzel, C. Uebungsstücke z. Uebers. a. d. Deutschen ins Latein. 2. Aufl. Hannover 1876.
Perthes, H., Latein. Formenlehre u. Erläuterungen dazu. Berlin 1876.
Scheele, B., Vorschule 2 Thle. Leipzig 1876.

Marquardt, J., Römische Staatsverwaltung. Bd. 1. Berlin 1873.

Andersen, Ueber deutsche Volksetymologie. Heilbr. 1876.

Gerlach, L., Theorie der Rhetorik u. Stilistik. Dessau 1877.

Kluge, Themata zu deutschen Aufsätzen u. Vorträgen. Altenburg 1876.

Tschacke, Themata zu deutschen Aufsätzen in Dispositionen und Ausführungen. Breslau 1876.

O. Jäger, Die Aegyptische Expedition d. Franzosen aus Thiers histoire de la revol. Franc. 1876.

Mähner, Französische Gramm. Abth. I. Berl. 1876.

Plötz, Syntax und Formenlehre der neufranzösisch. Sprache. 3. Aufl. Berlin 1874.

Elze, William Shakespeare. Halle 1876.

Gehring, Geschichtstabellen. Mainz 1876.

Duncker, M., Geschichte d. Alterthums. 4. Aufl. 3 Bde. Leipzig 1874.

Peter, O., Geschichte Roms. Band 4. Halle 1876.

Häuser, L., Geschichte d. Zeitalters d. Reformation, herausgeg. von Oncken. Berlin 1868.

A. v. Reumont, Geschichte Toskanas. Bb. 2 Gotha 1877.

Häuser, L., Deutsche Geschichte seit dem Tode Friedrich d. Gr. 4 Bde. Berlin 1869.

Pasqué, Göthes Theaterleitung in Weimar. 2 Bde. Leipzig 1863.

Peschel, O., Völkerkunde. 3. Aufl. Leipzig 1876.

Bertram, W., Flora von Braunschweig. Braunschw. 1876.

Hallier, Excursionsbuch z. Bestimmen der Phanerogamen. 2. Ausg. Jena 1876.

v. Hochstetter u. Bisching, Leitfaden der Mineralogie und Geologie. Wien 1876.

Curtius, E., Alterthum u. Gegenwart. 2. Aufl. Berl. 1877.

Erler, Die Directoren-Conferenzen des preuß. Staates. Berlin 1876.

Hirzel, Vorlesungen über Gymnasialpädagogik. Tübingen 1876.

Jäger, Neue Turnschule. Stuttgart 1876.

Lattmann, Cornelii Nepotis liber in usum schol. dispositus et Curtii historiae in brevius coactae. Göttingen 1876.

Lion, Die Turnübungen des gemischten Sprunges. 2. Aufl. Leipzig 1875.

Schmid, Aus Schule und Zeit. Gotha 1875.

Ziller, Vorlesungen über allgem. Pädagogik. Leipzig 1876.

Lewes, Geschichte der Philosophie von Thales bis Comte. 2 Bde. Berlin 1876.

Lieber u. Lühmann, Geometr. Constructionsaufgaben. Berlin 1873.

Suhle, Leitfaden f. d. Unterr. in der Arithmetik. Hft. 1. Köthen 1877.

Umbreit, Christl. Erbauung a. d. Psalter. 2. Ausg. Hamburg 1848.

Bäßler, Abriß d. Kirchengeschichte für evangel. Gymnasien. Berlin 1876.

v. Amyntor, Hypopontrische Plaudereien. 2. Aufl. Elberfeld 1876.

v. Amyntor, Randglossen z. Buche d. Lebens. Elberf. 1876.

Mushacke, Deutscher Schulkalender für 1876.

Odenwald, Gesänge für Gymnasien ꝛc. Lpz. 1876.

Musica sacra für höhere Schulen. 2. Aufl. Gütting. 1877.

Jenaer Literaturzeitung für 1876.

Blätter für literarische Unterhaltung f. 1876.

Neue Jahrbücher für Philol. u. Pädagogik 1876.

Berliner Zeitschrift für das Gymnasialwesen 1876.

Voß, Mittheil. a. d. historischen Literatur 1876.

2. Der Schüler-Bibliothek.

Baubissin, Eine Wanderung durch Jahrtausende. Stuttgart 1876.

Binz, J., Ausgew. Gedichte geschichtl. Inhalts. Lpz. 1876.

Colshorn, Deutsche Mythologie f. b. deutsche Volk. 2. Aufl. Hannover 1873.

Ebers, Uarda. 3 Bde. Stuttg. u. Lpz. 1877.

Freytag, Marcus König. Leipzig 1876.

v. Heinemann, Der Waffenschmied von Braunschweig. Braunschweig 1876.

Hoffmann, Jugendbibliothek 161—165. Wirsb. 1877.

Hoffmann, Spinnstube für 1877.

Lauckhard, Der abenteuerliche Simplicissimus. Volksausgabe. Leipzig 1876.

Müldener, Nordisches Märchenbuch. 5. Aufl. Langensalza 1876.

Niebuhr, Griech. Heroengeschichten. 6. Aufl. Gotha 1876.

Otto, Aeltere deutsche Geschichten f. d. Kinderstube. Leipzig 1877.

Pestalozzi, Lienhard und Gertrud. Halle 1867.

Scherer, Deutschland im Liede. Paderb. 1876.

Schmidt, F., Reinecke Fuchs. Berlin O. J.

— Wilhelm Tell. Berlin O. J.

— Schiller. Berlin O. J.

— Aus der Jugendzeit des großen Kurfürsten. Berlin O. J.

— Friedrich der Große bis zu seiner Thronbesteigung. Berlin O. J.

Thorbecke, Zur Geschichte des Hermannsdenkmales. Detmold 1875.

Volkmar, Der Waffenschmied von Frankfurt. Lpz. 1877.

Zech, Märchen. Langensalza 1876.

Dahn, Ein Kampf um Rom. 4 Bde. Lpz. 1876.

— Deutsche Treue. Leipzig 1875.

— Markgraf Rüdeger von Bechelaren. Leipzig 1875.

Lessing, Hamburg. Dramaturgie, erläut. von Schröter und Thiele. Bd. 1. Halle 1877.

Lessing, Laokoon, erläut. v. Blümner. Berl. 1876.
Lessings Aristotelische Studien v. Gottschlich. Berl. 1876.
Schillers W. Tell erläut. v. Kunnen. Cöln 1876.
Walther v. b. Vogelweide, Gedichte überf. v. Simrock. Leipzig 1876.
Stern, Ab., Zwanzig Jahre Deutscher Dichtung. 1820—1870. Leipzig 1871.
Becker, Erzählungen a. b. alten Welt. 3 Bde. Herausg. von Masius. Halle 1875.
Hertzberg, Die Gesch. b. messen. Kriege nach Pausanias. Halle 1875.
— Der Feldzug der Zehntausend nach Xenophon. Halle 1870.
— Die asiatischen Feldzüge Alexander d. Gr. 2 Bde. Halle 1875.
Osterwald, Aeschylos-Erzählungen. 2 Thle. in 1 Bde. Halle 1872.
Pfizer, Gesch. Alexanders d. Gr. Gütersloh 1861.
Barthold, Soest, die Stadt b. Engern. Soest 1855.
Hottinger, Der deutsch-französische Krieg 1870/1.
Osterwald, Erzählungen aus der alten deutschen Welt. 7 Bde. Halle 1873.

Freiligrath, F., biographisches Denkmal v. Schmidt-Weißenfels. Stuttgart 1876.
Friedrich d. Gr. von L. Hahn. Berl. 1865.
Friedrich, d. erste König in Preußen v. W. Hahn. Berlin 1876.
Kaiser Wilhelm, v. W. Müller. Berlin 1877.
Zieten, v. W. Hahn. Berlin 1867.
Hobirk, Wanderungen f. b. Gebiet b. Länder- u. Völkerkunde. Bb. 10—19. Detmold 1876.
Andree, R., Wirkliche Robinsonaden. Leipz. 1877.
Linbau, P., Vergnügungsreisen. Stuttgart 1876.
Balbarnus, Vogelmärchen. Dresden 1876.
Greßler, Naturgeschichte b. Pflanzen- und Mineralreichs. Langensalza 1865.
— Naturgeschichte der in Deutschland einheimischen Thiere. Langensalza 1865.
— Naturgeschichte der merkwürdigsten fremden Thiere. Langensalza 1866.
Unsre Zeit, von R. Gottschall. Jahrg. 1876.
Deutsche Monatshefte Bb. 7. Berlin 1876.
Deutsche Rundschau von Rodenberg. Jahrg. 1876.

F. Bemerkungen für die Eltern unsrer Schüler.

1) Das neue Schuljahr beginnt am Donnerstag, den 12. April Morgens 8 Uhr. Tags zuvor, Mittwoch, den 11. April, Morgens 9—12 Uhr werden die neu aufzunehmenden Schüler von auswärts, welche noch kein Gymnasium besucht haben, geprüft. Jeder aufzunehmende hat sein letztes Schulzeugniß vorzulegen.

2) Anmeldungen neuer Schüler aus Holzminden nehme ich am Montag vor Ostern, den 26. März, Morgens von 10—12 Uhr an, die Auswärtiger in der Woche nach Ostern bis spätestens Dienstag, den 10. April. Auswärtige Schüler dürfen sich eine Wohnung, resp. Pension nur mit Zustimmung des Directors wählen.

3) Die 10 Schulstipendien im Betrage von je 180 Mark jährlich nebst freier Wohnung im Schulhause können Primaner und Secundaner, welche diese Classe 1 Jahr lang besucht haben, erlangen, wenn sie sich durch musterhaftes Betragen in der Schule wie außerhalb derselben sowie durch erfolgreichen Fleiß empfehlen. Im besten Falle können sie das Stipendium 3 Jahre lang beziehen. Soweit es der Raum gestattet, erhalten auch andre Schüler freie Wohnung im Schulhause als Interne. Diese stehen gleich den Stipendiaten unter Privataufsicht des Directors. Die auswärtigen Schüler, die sich durch ihr Betragen oder ihren Fleiß Tadel zuziehen, werden zeitweilig unter Privataufsicht eines Lehrers gestellt, der dieselben in ihrer Wohnung zu inspiciren hat.

4) Die häuslichen Arbeiten, welche die Schule aufgiebt, sollen den Erfolg des Unterrichts sichern und die Schüler zu selbstständiger Thätigkeit anleiten. Aber die Schule will den Schülern auch Zeit lassen zu körperlicher Bewegung im Freien und zur Erholung des Geistes. Darum beschränkt sie die häuslichen Arbeiten auf ein bestimmtes Maaß. Sie rechnet darauf, daß Schüler der beiden unteren Classen in täglich 1—1½ Stunden, die der beiden mittleren in 1½—2½ Stunden, die der beiden oberen in

2—3 Stunden ihre Schularbeiten verfertigen können, sobald sie die Arbeit mit Ernst, Eifer und Lust betreiben. In dieser Beziehung muß aber das Haus die Schule unterstützen. Dasselbe muß danach sehen, daß die Schüler die obenerwähnte Arbeitszeit nicht nur inne halten, sondern auch gewissenhaft benutzen, und wie unnöthige Störungen von den Schülern beim Arbeiten fern zu halten sind, so werden Eltern, denen das Fortschreiten ihrer Kinder und Pflegebefohlenen wahrhaft am Herzen liegt, auch dafür sorgen, daß die Schüler nicht durch übertriebene Vergnügungssucht den ernsten Zwecken ihres Schulbesuchs entzogen werden. Das zu erreichende Ziel ist hochgesteckt; wer es nicht ernstlich im Auge behält, wird es schwerlich erreichen! Sollte die Schule einmal das zuträgliche Maaß der häuslichen Arbeiten zu überschreiten scheinen, so werden Eltern, die es mit ihren Kindern gut meinen, den Director oder den Classenlehrer davon in Kenntniß setzen. Sie können sich überzeugt halten, daß eine solche Mittheilung den betreffenden Schülern in keiner Weise zum Nachtheil gereicht, sondern nur zu eingehender unbefangener Untersuchung der Sachlage führen wird.